MW01537549

Dave Buchen hace un poquito de todo. Es autor e ilustrador de números libros incluyendo *El Librazo, ¿Por Qué un Tigre es un Tigre?* y el proyecto en curso La Enciclopedia Deiknumena. Con Theater Oobleck de Chicago, ha escrito numerosas obras de teatro. Es co-fundador de El Teatro Bárbaro. Toca clarinete con La Banda Municipal de Makula Barun. Vive en San Juan con sus dos hijos, tres gatos, y dos perros.

El Librazo

Dave Buchen
Calle Las Violetas 2005
Barrio Obrero
San Juan, PR 00915
davebuchen@yahoo.com
davebuchen.wordpress.com

This work is licensed under the Creative Commons Attribution-NonCommercial-ShareAlike 3.0 Unported License. To view a copy of this license, visit http://creativecommons.org/licenses/by-nc-sa/3.0/ or send a letter to Creative Commons, 444 Castro Street, Suite 900, Mountain View, California, 94041, USA.

EL LIBRAZO

DAVE BUCHEN
2011
SAN JUAN

unBATAZO

EL BIZCOCHAZO

EL COHETAZO

EL ELECTROCUTAZO

EL ENCONTRONAZO

el ESCOBAZO

unESPADAZO

EL FONDILLAZO

unLENGUETAZO

EL MANZANAZO

EL MERENGAZO

UN PAQUETAZO

unPINTURAZO

unPLUMAZO

EL PORRAZO

un PULPAZO

unRANAZO

un TABLAZO

unTOGAZO

un TOPETAZO

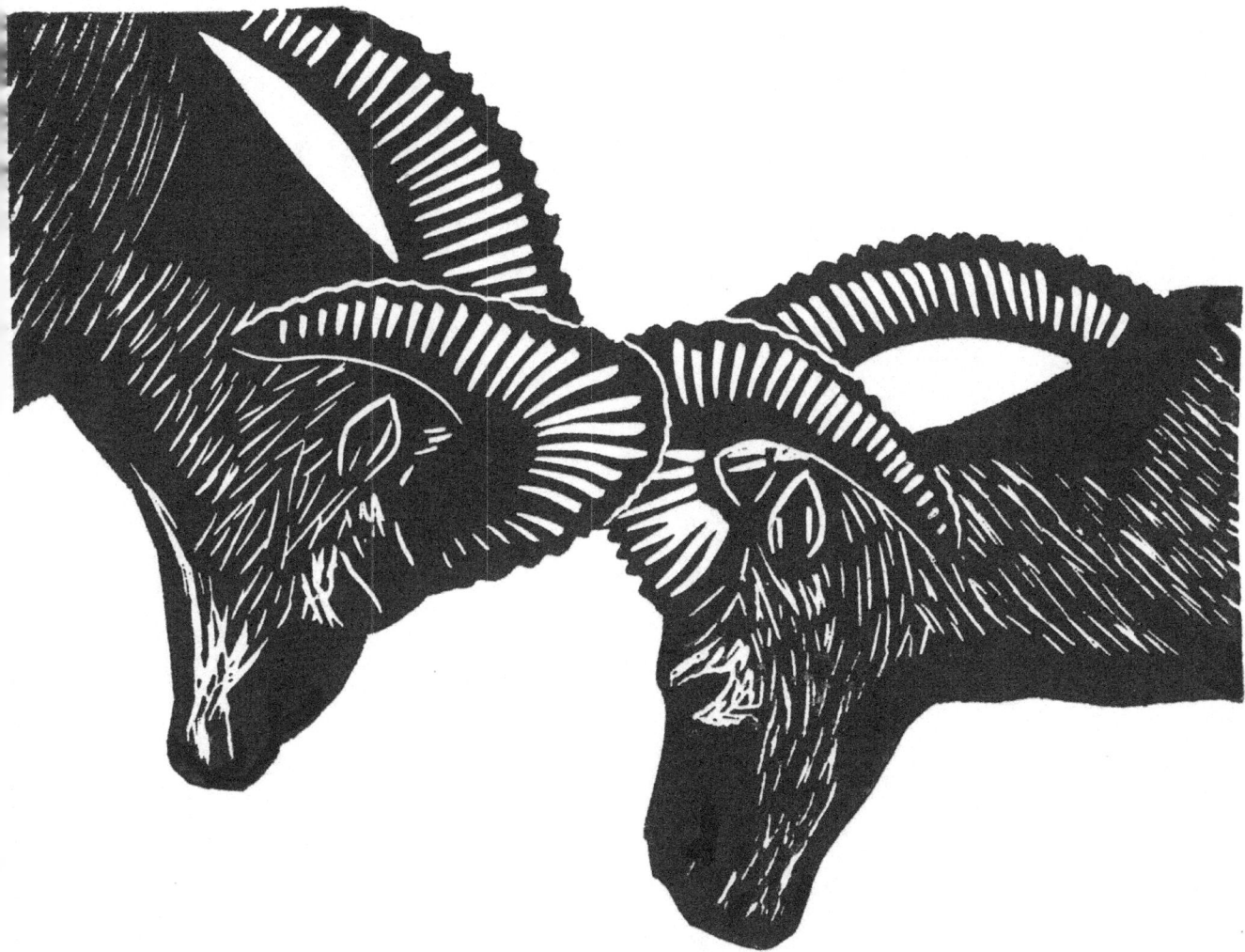

Made in the USA
Las Vegas, NV
25 September 2023

78022698R00026